CATALOGUE

D'UNE COLLECTION

D'ESTAMPES

ET

DESSINS ANCIENS

DES DIFFÉRENTES ÉCOLES

FRANÇAISE, FLAMANDE ET ITALIENNE

Provenant de l'Étranger

COLLECTION DE M. MOLENBEECK DE LEIDE

DONT LA VENTE AURA LIEU

HOTEL DES COMMISSAIRES-PRISEURS

RUE DROUOT, 5

Salle n° 3, au 1er étage

LES LUNDI 3 ET MARDI 4 DÉCEMBRE 1855

heure de midi.

Par le ministère de Me **DELBERGUE-CORMONT**, Commissaire-Priseur, rue de Provence, 8,

Assisté de M. **VIGNÈRES**, marchand d'Estampes, rue de la Monnaie, 15, à l'entresol; entrée rue Baillet, 1,

Chez lesquels se distribue ce catalogue.

EXPOSITION PUBLIQUE

Le Dimanche 2 Décembre 1855, de midi à 4 heures.

1855.

ORDRE DES VACATIONS.

Lundi 3 Décembre 1855. — Estampes, 1 à 250.
Mardi 4 Décembre 1855. — Estampes, 251 à la fin.
    Id.   Id.   — Dessins, 1 à 181.

Nous avons respecté, pour les Dessins, les dénominations de l'Amateur, dont nous pensons que les connaissances en ce genre devaient être étendues.

La majorité des Estampes étant en très belles épreuves et condition, nous nous sommes abstenu de le mettre à chaque article.

Les Vacations étant très chargées, on commencera

à une heure très-précise.

La vente se fera au comptant.

Les acquéreurs paieront, cinq pour cent en sus des adjudications applicables aux frais.

M. Vignères, faisant la vente, se chargera de commissions.

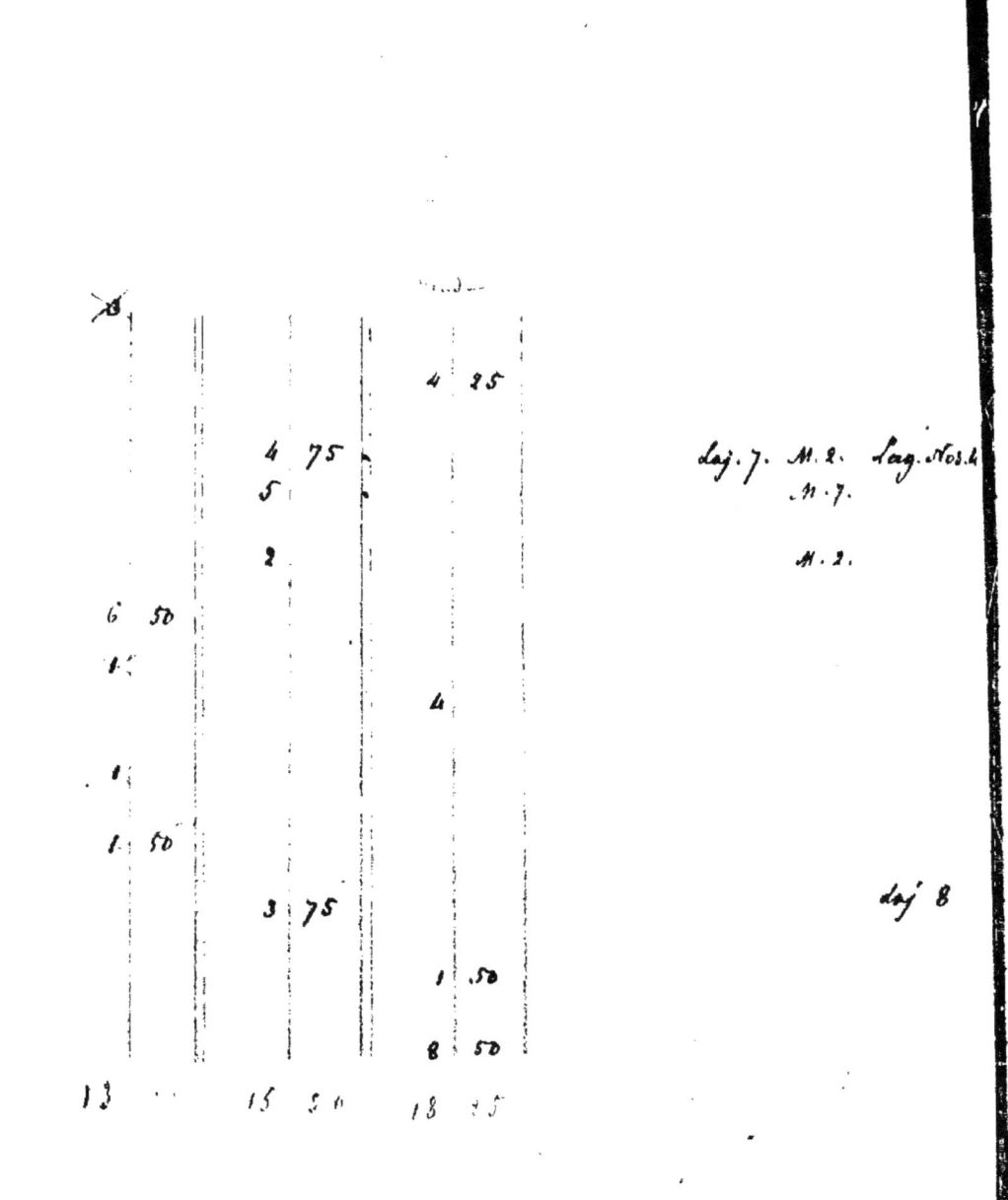

DÉSIGNATION
DES ESTAMPES

1 **Aken** (J. Van). Vues du Rhin, suite de 4 p. B. 18 à 24.
2 **Allamet**, d'ap. Hackert. Vues de Caudebec, Dieppe, St-Valery. 4 p.
3 — D'ap. Vernet. Vue de Marseille, avant l. l.
4 — — Le Matin, le Midi. Vue du Levant et les Italiennes laborieuses. Belles ép. 5 p.
5 — D'ap. A. V. de Velde. Les Amusements de l'hiver.
6 — La place des Halles et place Maubert. 2 p.
7 **Allix**. Le port de Lisbonne, non terminée.
8 **Almeloven** (J.). Différents paysages. B. 27, 28, 34, 35, 6. — 5 p.
9 **Anonyme**. Combat naval entre Français et Anglais. Ep. av. toutes l. 2 p.
10 — Le grand port de mer de St-Pétersbourg. Ep. avant toutes l.
11 — Allégorie. Louis XVI en costume romain. Rare.
12 **Ardell**, d'ap. Reynolds. Portrait de lady Caroline Russell.
13 **Audran** (J.), d'ap. Coypel. Evanouissement d'Esther. Très belle ép.

14 **Avril**, d'ap. Wille. La double récompense du mérite et le patriotisme français. 2 p.
15 — D'ap. Vernet. Voyageurs effrayés par le coup de tonnerre.
16 — Pygmalion et Galatée. 2 p.
17 **Bailliu**. D'ap. Van Dyk. Renaud et Armide.
18 **Bakhuyzen** (L.). Son œuvre. Marines. B. 1 à 12, avec le portrait et le titre.
19 **Bas** (Le), d'ap. V. Falens. Le Chasseur fortuné et pendant. 2 p.
20 — D'ap. Van der Neer. Vue de Santvliet.
21 **Basan**, d'ap. A. V. de Velde. Chariot de Flandre, la source utile au voyageur. 2 p.
22 **Beauvais**, d'ap. N. Poussin. Triomphe de Bacchus et Ariadne.
23 **Beauvarlet**, d'ap. de Troy. Triomphe de Mardochée.
24 — — Repas d'Esther, Evanouissement, Mardochée refuse, Aman arrêté. 4 p.
25 — — Toilette et couronnement d'Esther. 2 p. avant la lettre.
26 — D'ap. L. Jordan. L'enlèvement d'Europe.
27 — D'ap. Drouais. Les enfants du roi de Sardaigne jouant avec un chien et une marmotte. 2 p.
28 **Bega** (C.). B. 16, 17, 18, 19, 20, 25, 27, 28, 29, 30, 31, 32, 33. — 13 p.
29 **Bella** (St. de la). Paysages, ruines et vase en hauteur. 6 p.
30 — Jardins, jets d'eau en travers. 6 p.
31 — Le port de Livourne. 6 p.

M. XII

	18	25	15	50	13
					6
					1 50
	4				
	5	50			
					48
					2
					1 50
					2
			5		
a. S. Alberg					4 50
	20				
	14				
					9
					10
					23 50
					5
		6	50		
					5
	68	25	20	50	131

131		20	50	54	95
				6	50
				4	50
4	75				
2					
				3	25
				2	25
				7	50
2					
				4	25
3					
5					
7					
6					
8					
13					
14					
2					
3					
4					
				4	50
5					
1	50				
2					
				4	25
3					
216	25	20	50	105	25

6	32 — Chasses de divers animaux. 9 p.	6 50
4	33 — La grande mort à cheval. Rare. 1663.	4 50
5	34 — Animaux et paysages. 21 p.	4 75 V.
2	35 — Vary capricy military. 6 p.	2 V.
3	36 — Les cavaliers polonais, etc. 4 p.	3 75
2	37 — Recueil de quarante griffonnements.	2 25
6	38 — Enfants, Turcs, Polonais, etc. 12 p.	5 50
3	39 — Animaux divers. 18 p.	2 V.
4	40 — Divers exercices de cavalerie. 22 p.	4 75 V.
4	41 — Etudes et animaux divers. 18 p.	3 V.
6	42 **Berghem**. La vache qui s'abreuve. B. 1.	5 V.
10	43 — Le pâtre qui joue du flageolet. B. 6.	V.
20	44 — Suite d'animaux et têtes de boucs. B. 13 à 18. — 6 p.	5 V.
10	45 **Bleker** (G.). Paul et Barnabé à Lystre. 1er état. B. 5.	2 V.
15	46 — Le chariot à deux roues. B. 11.	1 3 V.
15	47 — Le cabriolet. B. 12.	1 4 V.
3	48 **Blery** (E.) Moulin de Montreux. L. B. 181.	2 V.
4	49 — Le pont de Dorieux. L. B. 194.	3 V.
4	50 **Bloemaert** (A.). Grand paysage, intérieur de village.	2 V.
4	51 — St-Ignace de Loyola à genoux aux pieds de Jesus portant sa croix.	4 50
5	52 — (C.). La Crèche avec annonce aux bergers au fond.	5 V.
9	53 — St Jean-Baptiste dans un paysage.	7 50 V.
3	54 **Bloteling**, d'ap. Ruisdael. Les Sépulcres des Juifs. 2 p.	2 V.
4	55 **Boissieux** (J.-J. de). Les charlatans. R. 22.	4 25
4	56 — Passage du Garillano. R. 31.	3 V.

57 — Vue de St-Andeole-en-Lyonnais. 1re ép. R. 41.
58 — Le noyé au bord de l'eau. 1re ép. R. 57.
59 — Paysage, goût de Wynants. Sup. ép. R. 75.
60 — Moulin d'Italie, papier de Chine. R. 81.
61 — Suite de paysage. R. 84 à 93. — 10 p.
62 — La digue rompue, d'ap. Asselyn, papier de Chine. R. 133.
63 — Le repas des Faucheurs, d'ap. A. V. de Velde, papier de Chine. R. 139.
64 — **Bolswert**. Vierge et Jésus dans une couronne de roses. Rare.
65 — (S. A.). D'ap. Jordaens. Mercure et Argus.
66 — D'ap. Van Dyck. Vierge, Jésus et sainte Catherine.
67 — D'ap. Quellinus. Vierge et Jésus.
68 — D'ap. Rubens. Paysage avec seigneurs et dames dansants.
69 **Bosse** (Ab.). La joie de la France. Sup. ép.
70 **Bout** (P.). Les marchands de poissons. B. n. 1.
71 **Bracu** (N.), d'ap. Goltzius. Judith et David. B. 3, 4. — 2 p. ovales.
72 **Brand** (Fréd.). Son œuvre, paysages, figures. 67 p., plusieurs non terminées.
73 **Bregeon** (Angélique), d'ap. Vanloo. L'élève dessinateur.
74 **Brun** (D'ap. Ch. Le). Saint Charles Borromée à genoux.
75 **Bye** (M. de). Chèvres et boucs. B. 1 à 8.

				105	25	90	50	216	75
								8	
								15	
								6	
								2	
								8	
								4	
								14	
				2	25				
.11.12						9	50		
								3	
								8	
				4					
C.XX. Log. 15.						18	50		
				10	50				
								2	
								10	
				2	25				
								1	
								2	
				124	25	48	50	299	25

299	75	48 50	24 25	
4				
8				
5				
4				
1	50			
5				
		2 25		
		4 25		
		18		
4			7 ..	
		14		
		11 50		
2				
			4 25	
1	50			
333	95	98 50	125 50	

Log. N° 3

M. 6

M. 8   Log 12

M. 6

Log. 12. M. 4. C XXX

antoine XX

76 — Les ours, la suite. B. 61 à 76. — 16 p.

77 **Cabel** (A. V. der). Titre et paysages. 1 à 5. 1er état, col. Verstolk.

78 — Paysages, n. 9, 28, 52, 55. 1er état.

79 — Berger jouant de la flute, non décrit, col. Verstolk.

80 **Canot**, d'ap. Pillement. Marines anglaises. 6 p.

81 **Charpentier**, d'ap. Salvator Rosa. Le mont Vésuve.

82 **Chenu**, d'ap. Vernet. Vue du château Saint-Ange.

83 **Cherenu**, d'ap. Rigaud. Portrait du cardinal Fleury.

84 — D'ap. Vanloo. Marie Leczinska en pied. Sup. épr.

85 **Chevillet**. L'amour maternelle.

86 — Le bon exemple et mademoiselle sa sœur. 2 p.

87 **Chodowiecki**. Les adieux de Calas à sa famille.

88 — Zeithen sitzend vor seinem König. Rare.

89 **Choffart**. Vue de la ville d'Orléans.

90 **Clement**. Télémaque à la cour de Ménélas.

91 **Comte** (B. R.), d'ap. Freudweiler. Solitude d'une mère dans l'Eternité.

92 **Cootwyk** (J.). Fac simile de dessins d'ap. différents maîtres. 6 p.

93 **Copia**, d'ap. Sicardi, come la trovate.

94 **Coulet** et autres, d'après Vernet. Pêcheurs florentins, jeune blanchisseuse, etc. 3 p.

95 **Cuyp** (A.). Bœufs et vaches dans des prairies. 6 p.	6
96 **Dalen** (C. Van), d'ap. Rubens. Allégorie, la Nature couronnée par les Grâces.	3
97 — D'ap. Flink. Vierge et Jésus.	4
98 **Danckerts**, d'ap. Berghem. Suite de grands paysages. 4 p.	6
99 — — Grand paysage, l'homme sur le pont.	2
100 — — L'Oiseleur dans le chemin.	2
101 **Daullé**. Portrait de Hyacinthe Rigaud.	4
102 — D'ap. Lenain. La surprise du vin.	3
103 — — Les tendres adieux de la laitière.	3
104 **Delafosse**, d'ap. Carmontelle. La malheureuse famille Calas.	5
105 **Delaunay** (N.), d'ap. Dietricy. Ruines romaines. 2 p.	2
106 — La complaisance maternelle.	3
107 — D'ap. Lavreince. Qu'en dit l'abbé?	4
108 — D'ap. Fragonard. La bonne mère.	6
109 — — La cachette découverte et le mariage conclu.	4
110 **Demarteau**. Têtes de sainte Thérèse et saint Jean-de-la-Croix. 2 p.	3
111 **Descourtis**. Vue de Suisse, en couleur.	1
112 **Does** (A. V. D.). D'ap. Quellinus. Vierge et Jésus.	3
113 **Drevet** (P.), d'ap. Rigaud. Bossuet en pied.	10
114 — — Ph. L. comte de Sinzendorf.	8
115 — — Philippe V, roi d'Espagne.	4
116 — — Maria Serres, mère de Rigaud.	5

		135	50	98	50	333	25
M.18				6	50		
M.18				3			
		4	25				
						4	
						1	50
						1	50
						4	
		3	25				
		3	25				
						4	50
		1	50			1	50
		2	50			2	50
		4				6	
		4	50				
						2	
		1					25
		3	25				
						9	
						7	
M.5				4	25		
						5	
		159	00	112	25	381	75

381	75	112	75	159
				19 50
6				
10				
3				
5				
				2 25
2				
3				
		15		
		31		
8				
7				
4				
4 75				~~...~~
				2 25
9 50				
				7
438 00	158 75	190 00		

Vaig X

Vaig III

anterior XV

@ Vuit
 avuntu
1 Promenade Mails

10	117 — D'ap. Largilière. J. Forest, peintre, avant toutes lettres.	
6	118 **Duflos**, d'ap. Jeaurat. Déménagement d'un peintre, enlèvement des filles de joie. 2 p.	6
10	119 **Dusart** (Corneille). Le violon assis. B. 15.	10
4	120 **Earlom**, d'ap. Reynolds. Le général Eliott.	
6	121 **Edelinck**. Portrait de Fr. Fortebat, peintre.	
2	122 **Eland** (H.), d'ap. Hugtenburg. Voyageurs devant une auberge.	
2	123 **Elliot**, d'ap. Pillement. Entrée et sortie du bois. 2 p.	
3	124 — et Canot, d'ap. le même. Le soleil levant et couchant, le Midi et la Nuit. 4 p.	
6	125 **Falck** (Jérémie), d'ap. Guerchin. Reine à sa toilette, à laquelle un paysan parle.	
18	126 **Freudeberg** (D'ap.). Le lever, la toilette, le coucher, etc. 9 p., grandes marges.	
8	127 **Frey** (J. de), d'ap. Rembrandt. Portraits d'hommes. 4 p. avant l. l.	
8	128 — D'ap. Koning, Brekelencamp et autre. 4 p. avant l. l.	
4	129 — D'ap. Rembrandt. Les syndics de la halle aux draps.	
5	130 — — Lievens, etc., Brederode, Tromp., etc. 4 p.	
2	131 **Gaugain**, d'ap. Northcote, les petites laitière et fruitière anglaise. 2 p. ovales.	
4	132 **Gerard** (H.). L'art d'aimer et les premières caresses du jour. 2 p.	
6	133 **Geyser**. Son œuvre. Portraits, sujets et paysages, etc. 17 p.	

134 **Godefroy**, d'ap. Hue. Vue perspective de la ville de Rouen, naufrage, par Brunet. 2 p.
135 **Goltzius** (H.). Jésus Christ tenant sa croix, entouré des œuvres de miséricorde. B. 42.
136 — Portrait de Théodore Cornhert. B. 164. 1re et sup. ép. de la col. du comte de Vries, avant les angles.
137 **Greuze** (D'ap.), par Danzel. La blanchisseuse.
138 — par Maleuvre et autre. L'Enfant gâté et Ne l'éveille pas. 2 p.
139 **Gros** (E. Le). Paysages et figures. 34 p.
140 **H.** (P. V.). Différents chiens. B. 9, 10, l'adresse de Visscher.
141 **Hackert** (P,). Suite de vues dans le royaume de Naples. 4 p.
142 — (G.). Ruines du pont d'Auguste. 2 p.
143 **Hagedoorn**. Paysages et figures. 34 p.
144 **Heerschop**. Ermite en méditation. Pièce inconnue à Bartsch et à Rigal.
145 **Hemery**, d'ap. Lépicié. La promesse approuvée.
146 **Hollar**. La cathédrale d'Anvers. 1er état.
147 — Les quatre saisons, dames à mi-corps.
148 **Houbraken** (A.). Portrait de la princesse d'Orange en pied, avant toutes l.
149 — (J.). Cardinal de Fleury, in-4.
150 — Portraits de bourgmestres d'Amsterdam, avant l. l. 21 p.
151 — Les mêmes et autres, avec l. l. 32 p.
152 **Ingouf** le jeune. Canadiens au tombeau de leur enfant.

	170 00	158 75	438
			2
	6 50		
Veig XX Laj. 18.			44
			8
			11
	12 50		
			4
	3 25		
			2
	7		7
	5 50		
			90
			13
Laj. 20.		4	
	3		
	10 50		
	6 50		
	244 75	162 75	601

601	162 75	244 75	
		10	
		16	
9			
	11 50		
		4 25	
2 50			
8			
17 50			
17 50			M. 18
1 50			
9			
		5 50	
		1 75	
1 75			
2 50			
4			
8			
676 25	173 75	282 25	

155 **Janinet**, Demachy, Sergent. Divers faits historiques et de courage sous Henri IV et autres. 10 p. gravées en couleur, avec texte historique.

156 **Jardinier**, d'ap. Greuze. Jeune fille dont le chat joue avec le fil qu'elle pelote et la tricoteuse qui dort. 2 p.

157 **Jode** (P. de). d'ap. Jordans. Saint Martin guérissant un possédé.

158 — D'ap. Rubens. La visitation.

159 **Jonckheer** (J.). Les trois et les quatre lévriers. 2 p.

160 **Kessel** (T. Van). Différents animaux. 6 p.

161 **Keyl**, d'ap. Bega. Le peintre.

162 **Kobell** (J.). Suite d'animaux. 4 p.

163 — Têtes de vaches et groupe d'animaux. 3 p. Rares.

164 **Langlois**, d'ap. Vantol. La ménagère nort-hollandaise.

165 **Larmessin**, d'ap. Vanloo. Portrait de Louis Quinze à cheval.

166 **Lauwers** (N.). D'ap. Jordans, Philémon et Baucis.

167 **Lender**, d'ap. Rembrandt. Samson dans la prison à Gaza.

168 **Legrand** (Aug.), d'ap. Schall. L'élysée, le rocher de Meillerie, etc. 4 p.

169 **Le Mire**, d'ap. Brakenburg. La curiosité.

170 — D'ap. Le Paon. Portrait de Lafayette en pied.

171 **Lievens** (J.). Buste d'un vieillard avant l'adresse. 1er état. B. 22.

172 **Lucas**, d'ap. Jeaurat. L'exemple des mères.
173 **Major** et autres, d'ap. Berghem. 3 p.
174 **Maleuvre**, d'ap. Dietricy. Le Satyre et le villageois.
175 **Marcus**, d'ap. Cats. Le coup de vent. Epr. avant l. l. 2 p.
176 — Fac simile de dessins, d'ap. Luyken. 5 p.
177 **Martini**, d'ap. Watteau. Mort du général de Montcalm.
178 **Massard**, d'ap. Greuze. La cruche cassée. ép. avec signatures autographes des artistes et belle marge.
179 **Mason**, etc., d'ap. G. Poussin. Paysages. 3 p.
180 **Masson** (A.), d'ap. Mignard. Portrait de Brisacier, secrétaire de la Reine.
181 **Matham**, d'ap. Van Eyck. Sainte Begga.
182 **Mathieu**, d'ap. Fragonard. Le serment d'amour.
183 **Mechel**. Mausolée du maréchal de Saxe.
184 **Meulen** (Van der). Sujets de batailles. 4 p.
185 — Batailles et campement. 4 p.
186 **Moreau** (J.-M.) le jeune. Costumes physique et moral de la fin du XVIII⁰ siècle. 9 p. Très rares.
187 — Grande revue militaire avant toutes l. Non terminée.
188 — Les dernières paroles de J. J. Rousseau.
189 — Henri IV chez le meunier. Belle ép.
190 **Nanteuil** (R.). Portrait de B. Fouquet, abbé de Barbeaux. R. D. 97.

			676	75
282 25	173 75		3	
			1	50
			2	75
			2	
2			2	
			2	
10				
			2	75
			15	
			1	50
5 ..				
			2	50
3 75				
2 25				
50 ..				
3				
			4	
			4	
10 50				
368 75	179 75		717	25

717	75	173	75	368	75
9				7	50
7					
				1	25
2		3				Veig. S.
				3	
				5	25
3	75				
2					
				3	25
		4	50			Laj. 7. Log. N°11
1					
				3	50
3					
10					
3					
		4	50			M. S
1	50			7	50
		46			
757	50	231	75	398	50

191 — Michel Letellier. R. D. 129.
192 — Ch. Maurice Letellier. 4ᵉ état. R. D. 139.
193 — Barillon de Morangis, Lefevre d'Ormesson et M. Letelher. 3 p.
194 **Nolpe** (P.), d'ap. Nieuland. Paysage.
195 **Noorde** (C. Van). Fac simile de dessins. Portrait de Helmbrecker, peintre.
196 — Figures d'ap. Rembrandt et Troost. 2 p.
197 — Suite de pièces inconnues et rares. 8 p.
198 **Orsolini**, d'ap. Rosalba. Portraits de Fréd. Chrestien, roi de Pologne, et autre. 2 p.
199 **Ouvrier**, d'ap. Vernet. Vue des Alpes et Apennins. 2 p.
200 — D'ap. Schenau. Les défauts corrigés par l'affront.
201 **Ozanne**, d'ap. Vernet. Vues du port de Livourne. 2 p.
202 **Peeters** (D'ap.) et autres. Marines. 4 p.
203 **Peiffers**. Œuvre. Paysages et sujets. 8 p.
204 **Pelletier**, d'ap. Teniers. Le gazetier flamand, avant toutes l., grande marge.
205 **Petit** (G.-E.), d'ap. Vanloo. Portrait de Louis Quinze en pied.
206 **Picart** (B.), d'ap. Rigaud. Portrait de Philippo Lodovico, comte de Sinzendorf.
207 — et d'après Lui. Le Temps, massacre des innocents et Renaud et Armide. 3 p.
208 **Pitau**. Portrait de Paul Petavius et autre. 2 p.
209 **Plonski** (M.), d'ap. Rembrandt. Vieille femme avant toutes l. Extrêm. rare.

— 14 —

210 **Ploos van Amstel**, d'ap. Ostade. Le liseur de gazette. Très beau fac simile. 5
211 — D'ap. A. V. de Velde. Le troupeau près de l'eau. 4
212 — D'ap. Berghem. La femme sur le mulet attendant le Bac. 3
213 — D'ap. G. Dow. La dame au piano. 4
214 — D'ap. Van Goyen. Marché de bœufs et de poissons. 2 p. 2
215 **Poilly** (N.), d'ap. Mignard. Portrait de Louis Quatorze. 8
216 — (F.), d'ap. Guido Reni, la Vierge Marie. 2
217 **Pontius** (P.), d'ap. Van Dyck, le bienheureux Joseph à genoux devant la Vierge. 2
218 **Potter** (P.). Différents bœufs et vaches, avec l'adresse de Clém. de Jonghe. B. 1 à 8. 18
219 **Prestel** (J.-G.). Ruines des châteaux de Henneberg, Steinheim, St-Gallen. 3 p. en couleur. 6
220 **Ragot**, d'ap. Rubens. Saul sur le chemin de Damas. 5
221 **Raxsonnette**. Henri IV ramené au Louvre, après le coup funeste. 4
222 **Raoux** (D'ap.). Portrait de J. Sonnen, évêque. 2
223 **Ravenet** (S.-T.), d'après Guido Reni, Painting und Design. 2
224 **Rembrandt**. Descente de croix. B. 81. 30
225 **Ridinger** (M.-E.). L'artiste devant son chevalet, dans un bois, rare. 5
226 **Rogmann** (R.), Ouderkerke, etc. 4 p. 3
227 — Différents paysages. 7 p. 5

Laj. 9.	392.50	201.75	757.50
		9.50	
	4.25		
	4.25		
	6		
	4.25		
B.		8.50	
			2
	2.25		
			17
			4
			4
Laj 8 a 15 top grued	4.25		
Laj 5 a 10.		2.50	
	2.50		
Veig. 2.			28
			3.75
	3.25		
	7.50		
	438.00	252.25	816.25

260 25 499 25

816 25 252 25 481 00
                  3 75
         4
                  7 50
         4
                 23 50
                  4 25

5
                  5 50
14
5
10
3
11

4 50
2 50
4 50
3 50
3

                          5
          7
14
6
10
912 25 267 25 480 50

Nej 7
Lij 8.

Mstr. XV

— 18 —

228 **Romanet**. Le chanteur et le marchand de village. 2 p.
229 — D'ap. Titien. Le Sommeil, grande marge.
230 **Sadeler** (E.). Portraits de l'empereur Mathias et son épouse Anne. 2 p.
231 — Portrait de Rudolphe II.
232 **Sandby**. Œuvre, paysages et figures. 64 p.
233 **Scheyndel** (V.). Paysages avec figures. 4 p.
234 **Schmidt** (G.-F.). Portrait de Gab. de Caylus, évêque, Jacoby. 40.
235 — D'ap. Pesne, Henri Voguell. 64.
236 — Prince Chr. Aug. d'Anhalt-Bernbourg. 66.
237 — Antoine Pesne, peintre. 69.
238 — F.-W. Borck, ministre. 86.
239 — David Splittgerber, banquier. 87.
240 — D'ap. Lancret. La belle Grecque et le jeune Turc amoureux. 95, 96. 2 p, avant l'ad. de Crespy.
241 — Tête de vieillard à bonnet en fourrure. 111.
242 — Têtes d'homme et de femme. 112, 113. 2 p.
243 — Buste d'homme moyen-âge. 118.
244 — Buste de vieille femme. 119.
245 — Buste d'homme de profil. 121.
246 — Portrait d'une jeune dame. 123.
247 — Portrait de Mme Schmidt cousant. 135.
248 — Cats expliquant l'histoire au prince d'Orange. 152. Rare.
249 — D'ap. Rembrandt. Jésus-Christ présenté au peuple. 159.
250 — D'ap. Ostade. Deux paysans assis à table. 160.

— 16 —

251 — D'ap. Rembrandt. Jésus-Christ guérissant la fille de Jaïre. 165.
252 — D'ap. F. Flamand. L'Automne, trois enfants nus avec raisins. 171.
253 — D'ap. Testa. Présentation de la jeune Vierge au temple. 172.
254 **Schuppen** (Van). Portrait de Gab. de Lagardie, avant la lettre.
255 **Simon** (J.-P.) Shakspeare, Midsummer Nights Dream.
256 **Sompel**, d'ap. Soutman. Portraits de Ferdinand II, empereur et sa femme. 2 p.
257 **Soutman** (P.), d'ap. Rubens. Satyres avec un tigre.
258 — — et Van Dyck. Consécration d'un évêque et arrestation du Christ. 2 p.
259 **Suyderhoef** (J.), d'ap. Ostade. Les joueurs de tric-trac. Très belle ép.
260 — D'ap. le même. Le bal des paysans.
261 — D'ap. le même. Le coup de couteau.
262 — D'ap. Keyser. Les bourguemestres d'Amsterdam.
263 — Portrait de Gillis de Glarges.
264 — Portrait de Joannes Hoornbeeck.
265 — Portrait de J. Maestertı.
266 — David Naytz avec les legatis. Rare.
267 — J. Polyander.
268 — Jacob Revius, col. Verstolk.
269 — Marcus Zuerius Boxhornius.
270 **Swidde**, d'ap. Dalens. Suite de paysages. 5 p.

	180 50	267 85		912 25	
				13 50	
				3	
M. 3.	4				
	4 25				
				4	
	6 50				
M. 8.			6		
	2 25				
	18 50				
				4	
				3	
				6	
M. 6				11	
				3 75	
				2	
				2	
				2	
M. 20			18 50	9	
M. 4		8 25			
	219 25	291 75		980 50	

980	50	291 75	519 25	
7				
4				
		4 50		M.6
2				
7	50			
2				
			20	Laj.12.M.8
6	50			M.6
7				
			2 25	
		3 25		Laj. Nos.4
			1	
2				
1				
2	50			
6				
5				
3				
2				
2	50			
1042	50	299 50	542 50	

— 17 —

271 **Theodore**, d'ap. Francisque Milet. Rigal, 3, 4, 5, 6. 1er état. R. D.
272 **Thier** (B.). Paysage avec des animaux.
273 **Thomassin**, d'ap. Rubens. Vénus au bain.
274 **Tilliard**, d'ap. Leprince. Les bergers russes.
275 **Uytenbrouck** (M.). La fable d'Argus. B. 18 à 23, 1er état. 6 p.
276 — Mercure endormant Argus. B. 24.
277 **Vasseur** (Le), d'ap. Greuze. La laitière. Sup. ép. Rare.
278 — D'ap. Aubry. L'amour paternel, avant l. l., le carnaval des rues de Paris.
279 — D'ap. Hackert. Maisons de pêcheurs à Abbeville et St-Valery. 2 p.
280 **Veau** (Le), d'ap. Vernet. L'aurore d'un beau matin.
281 **Velde** (J. V. de). Fac simile de dessins d'ap. Berghem et Van der Does. 2 p.
282 **Vidal**, d'ap. Mlle Gerard. Je les relis avec plaisir.
283 — — et Fragonard. premier pas de l'enfance.
284 **Vinkeles**, d'ap. Kuiper. Fête de l'alliance et de la liberté. 2 p.
285 **Visscher** (C.). La fricasseuse.
286 — D'ap. Ostade. Le joueur de vielle. 15. Basan.
287 — Intérieur. Les patineurs.
288 — Buste de femme. 28. Basan.
289 — L'antiquaire. 30.

— 18 —

290 — Garçon tenant une chandelle et jeune fille tenant la ratière. 47. Grande marge.
291 — Portrait de Joannes Merius.
292 — Madeleine Moonsia.
293 — V. Vondel.
294 **Visscher** (J.), d'ap. Berghem. Paysage avec le pâtre nu et la femme qui dort.
295 — Suite de paysages divers, animalia. 4 p.
296 — Suite de paysages en hauteur, avant l'adresse. 4 p.
297 — D'ap. Wouvermans. Camps militaires. 5 p.
298 — Portrait de l'amiral Van der Hulst.
299 — D'ap. Post. Le parlement donnant le serment au prince de Nassau.
300 **Visser Bender**, d'ap. Cats. L'été et l'hiver, avant l. l. 2 p.
301 **Vliet** (J.-G. Van), d'ap. Rembrand. Le baptême de l'eunuque de la reine de Candale. Extrêmement rare. Très belle ép. B. 12.
302 — Vendeur de chansons. B. 15.
303 **Vorsterman** (L.), d'ap. Jordaens. Le satyre et le paysan.
304 — et Sandrart. La Flore du Titien. 2 p.
305 — D'ap. Rubens. Portrait de Ch. de Longueval.
306 **Vrydag** (D.), d'ap. Buys. La mère faisant faire silence à son enfant, avant l. l.
307 **Wille** (J. G.), d'ap. Dietricy. Agar présentée à Abraham. L. B. 1.
308 — La dévideuse, mère de G. Dow. L. B. 61.

	548.50	299.50	1042.50
			17
			8
	2.75		
	1.25		
	5		
			9
	2		
			8
	5.50		
			1
			1.75
			60
			2.75
			6.50
			1
	7		
	5.50		
			9
			4
	574.50	307.50	1174.50

1174 50   307 50   574 50
           3 25   Reig. VI
                    25
  12
   7 50
                    15   A.4
            4   Luj 8.15.
                    2 75
            2
                    2 25
  58
          316 75   619 50
   7

1259 00

— 10 —

309 — N. de Largillière, peintre du roi. Très rare. col. Verstolck. L. B. 129.
310 — D'ap. Dietricy. Les musiciens ambulants.
311 — Les délices maternelles.
312 **Wilson**, d'ap. Guaspre Poussin. Paysage avant toutes lettres.
313 **Witdoeck** (J.), d'ap. Rubens. Sainte Famille. Très belle.
314 **Sujets historiques** sur Henri IV, François I. Bayard. 4 p.
315 — Léopold II recevant à Vienne la visite de Sa Majesté de Sicile, colorié et autre. 3 p.
316 **Portraits** de Hoche, Lafayette, etc. 3 p.
317 — Calvin, Sully et autres. 8 p.
318 **Vues** de Paris et de France, par Aveline, Le Pautre, Marot, Perelle, J. Silvestre. 107 p. dans un vol. en vélin blanc.

DESIGNATION

DES DESSINS

1	**Agricola**. Perroquet Lori. Très jolie aquarelle.	6
2	— Autre, pendant du précédent en gaieté.	6
3	**Albano**. Immaculée Conception, lavée à l'encre.	2
4	**Anonyme**. Triomphe de Galathée. Joli dessin au bistre.	4
5	— Moïse faisant apporter les vases d'or et d'argent pour la construction du Tabernacle, lavé au bistre.	4
6	— Jésus donnant les clés à saint Pierre, et crucifixion de saint Pierre. 2 p.	2
7	— Adoration des bergers et saint Etienne.	4
8	— Grand paysage en hauteur, au bistre.	1
9	**Arp** (Van). Repas où l'on chante avec violon, lavé au bistre.	6
10	**Asselyn** (J.). Ruines d'un pont en Italie lavé à l'encre.	3
11	**Augustini** (J.). Scènes de cavaliers, à l'encre de Chine. 2 p. en hauteur.	8
12	**Avercamp** (H.). Vue d'Amstelveen avec pêcheurs et barques. Aquarelle.	2

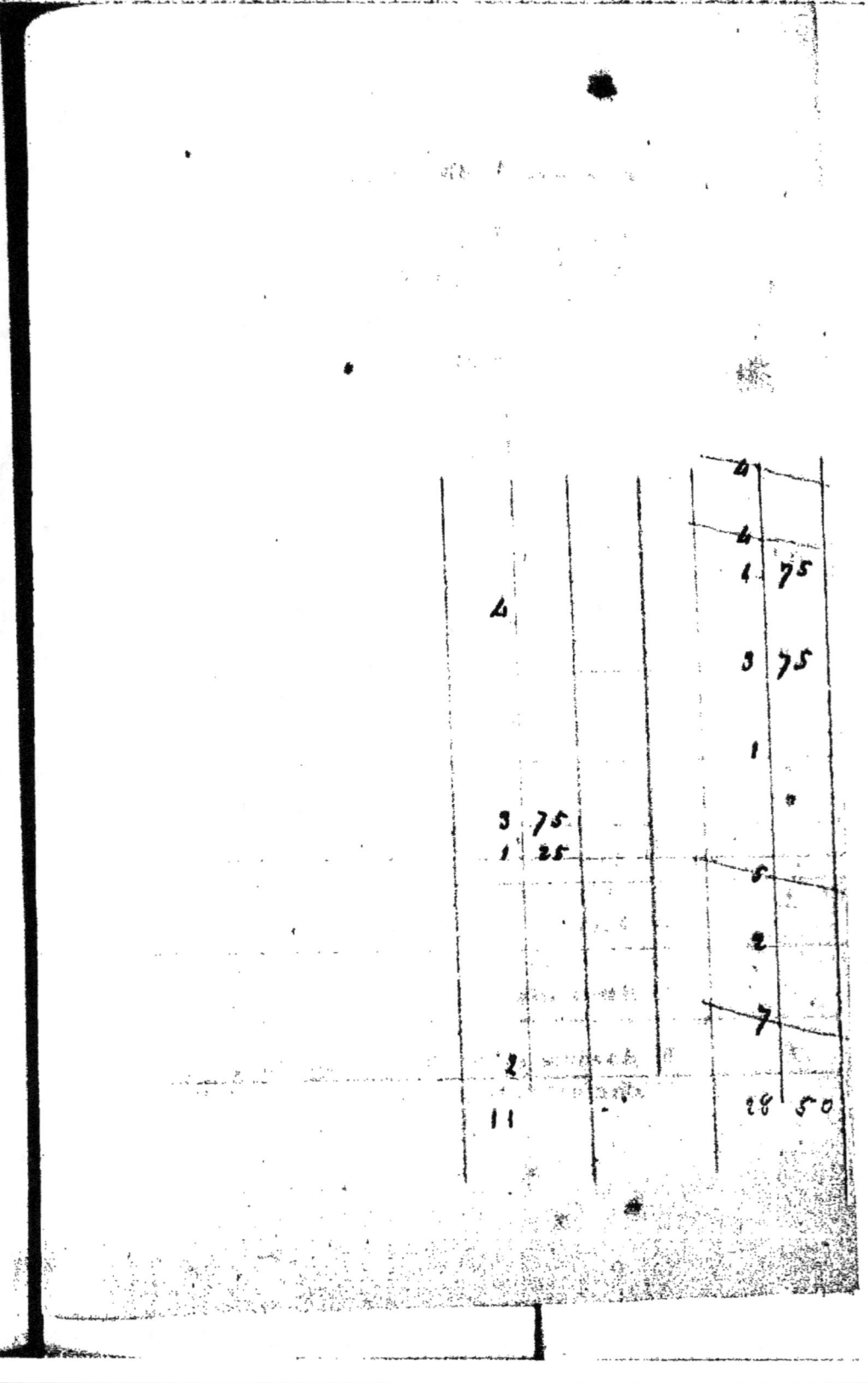

				11	
				3	50
				10	
3					
				7	50 ✗
				5	50
				3	50
				3	
41					
				3	
8					
				3	
2					
				2	
3					
				12	50
5					
8	5	50		64	50

— 21 —

13 — Pêcheurs et hérault d'armes. Deux aquarelles.

14 **Bakhuyzen** (L.). Marine, gros temps avec barque à voile, à l'encre de Chine.

15 **Bartsch** (Ad.). Vieille à mi-corps, assise devant un livre, au bistre.

16 **Battem** (Van). Paysage étendu. Joli aquarelle.

17 **Bega** et autres. Etudes de figures. 10 p.

18 — et de Gheyn. Têtes d'hommes, à la sanguine. 2 p.

19 **Bella** (S. de la). Marine avec vaisseaux et galère, à la plume.

20 **Berghem** (N.). Figures et animaux près d'une hôtellerie. Dessin capital, lavé au bistre.

21 — Vache et tête, à la sanguine. 2 p.

22 **Berkheyde** et autres. Etudes de figures. 15 p.

23 **Beyer** (J. de), d'ap. Dalens. Paysages à l'encre de Chine. 2 p.

24 **Bloemaert**. Homme et femme, au bistre. 2 p.

25 **Bloemen** (P. V.). Vache couchée, à l'encre de Chine.

26 **Blondel**. Architecture pouvant servir de décoration théâtrale, lavé.

27 **Bologna** (Guido de). Crucifixion de saint Pierre; au bistre rehaussé de blanc avec la gravure.

28 **Bolognese**. Paysage avec nageurs, à la plume.

— 22 —

29 **Bosio**. Énée sauvant son père Anchise, lavé au bistre. 4

30 **Both** (J.). Rochers à Tivoli. Très beau d'effet, à l'encre de Chine et au bistre. 8

31 **Boucher**. Jeune bergère portant son oiseau en cage au bout de sa houlette. Beau dessin au crayon noir rehaussé de blanc sur papier bleu. 30

32 — Trois nymphes sur des nues. Beau dessin aux trois crayons. 25

33 **Bouwmeester**. Paysage, lavé au bistre. 2

34 **Bulthuis**, d'ap. Van Bloemen. Cascade entre des rochers. Belle aquarelle. 4

35 **Carrache** (An.). Saint Roch distribuant son bien aux pauvres, au bistre, avec la gravure. 10

36 — Angle d'un plafond ornementé, à l'encre. 15

37 — (D'ap. Aug.) Saint Jérôme, à la plume. 4

38 **Cats** (J.). Pêche à l'éperlan, à l'encre de Chine. 2 p.

39 — Vue aux environs d'Harlem, au crayon noir rehaussé de blanc. 7

40 — Pendant du précédent, avec troupeau en marche. 7

41 **Clingel**, élève de Dietricy. Paysages en hauteur avec troupeaux, à l'encre de Chine. 2 p. 3

42 **Cok** (J.-M.), d'ap. V. Bergen. Bœufs qui se lèchent, à l'encre de Chine et au bistre. 4

43 **Cortone** (P. de). Laban cherchant ses idoles, au bistre rehaussé de blanc. 8

44 **Crauwel**. Paysage et champ de blé. Deux jolies gouaches. 10

				85	50
Lj. 15a xxv		64	50	2	
				8	
				29	
				23	
				1	75
		3	75	9	
				11	
		4		2	75
				6	
Lj.				3	
		2	75	4	
		19	50		
		12			
		100	50	186	00

156	100 50
	2 25
5	
1	
2 75	3
9	
5	6
11	
11	
5	
	4 50
	2 25
	9 50
5	
240 75	128 00

45 **Dietz** (J.-C.). Paysages avec chasseurs, au crayon noir. 2 p.
46 **Dupré** (D.). Sépulcre de Caius Sextius, à Rome, 1787. Aquarelle capitale.
47 — Vue à Lermes, en Tyrol, au crayon et bistre.
48 — Vues à Bologne, lavées au bistre. 2 p.
49 **Dusart** (C.). Marchande et tête de paysan, au crayon rouge et lavé. 2 p.
50 **Eckhoudt** (G. V. d'). Le roi David et Nathan, à la plume.
51 **Ekels** (J.), d'ap. Eckhoudt. Jolie composition, sujet de la Bible, à l'encre de Chine.
52 **Freminet** (Martin). Massacre des innocents, au bistre.
53 **Frey** (J. de), d'ap. Rembrandt. Portrait de dame, au crayon noir, rehaussé de blanc.
54 — D'ap. Van Dyck. Portrait d'homme, pendant du précédent. Ils sont de grandeur naturelle.
55 **Gelder** (A. de). Intérieur avec plusieurs personnages, à l'encre de Chine. Beau d'effet.
56 **Goyen** (J.-V.). Vue d'un village, au crayon noir et encre de Chine.
57 — Fortifications au bord d'une rivière, au crayon noir et encre de Chine.
58 **Grandjean**, d'ap. Muziano. Saint Jérôme enseignant. Belle aquarelle.
59 — D'ap. Roncalli. Mort de Saphire, pendant du précédent.
60 **Grave** (J.-E.). Beau paysage aux environs d'Harlem, à l'encre de Chine.

61 — L'auberge de l'Homme-Savant, près de Harlem, à l'encre de Chine.

62 — (J. de). Vues de villages de Haller, à l'encre de Chine, 1681. 2 p.

63 — Porte à Valenciennes, 1676, et vue de Wuveren, à l'encre de Chine. 2 p.

64 **Greuze**. Intérieur de famille, où un très petit enfant joue avec un gros chien. Beau dessin lavé à l'encre.   50

65 — Jeune mère dont l'enfant dort sur ses genoux. Beau dessin au crayon et au bistre.   75

66 — Mère donnant une leçon de tricot à sa jeune fille. Beau dessin lavé au bistre.   100

67 **Groenwegen** (G.). Marine avec bateau chargé de foins, etc., à l'encre de Chine.

68 **Grypmoedt** (G). Paysage près des ruines de Brederode, à l'encre de Chine.

69 **Hannebrink**. Servante et batelier, au crayon noir. 2 p.

70 **Haccou** (L.-G.). Marines. Aquarelles. 2 p.

71 **Hansen** (C.-L.). Beau paysage aux environs de Drenthe, à l'encre de Chine.

72 **Helden** (J.-V.). Pont sur un canal pour joindre le parc au château. Très belle aquarelle.

73 **Hempel** (A. ter.). Paysages en hauteur, à l'encre de Chine. 2 p.

74 **Hendriks**, d'ap. Brekelencamp. Intérieur de famille. Jolie composition à l'encre de Chine.

75 **Hengstenburg**. Perroquets Lori et Perruche Penotte. Belle aquarelle.

76 — Oiseau Troupial. Aquarelle.

128			240	75
			3	
			2	
		3		
			47	50
75				
			90	
			2	
5				
1	25			
5	50		4	75
16				
			2	75
			2	75
			4	
			4	75
230	75	3	404	75

40	2	75
	3	75
	4	
	4	50
	4	75
	4	
	5	
	9	50
	2	
	2	

730		75
	4	
	3	
	2	
	3	
	5	50
	3	25

444 95   251 50

77 **Horstink** (W.). Intérieur de cour, effet de soleil. Aquarelle.
78 — D'ap. Holbein. Tête de femme. Beau dessin lavé au bistre.
79 **Janson** (J.), d'ap. P. Potter, sujets d'animaux en hauteur. Deux jolies aquarelles.
80 **Jongering** (H.-F.). Paysage au crayon noir et encre de Chine.
81 **Jordano** (Lucas). Le jugement de Midas, au bistre.
82 — Adoration des bergers, au bistre.
83 **Knoop** (J.-H.). Intérieur de cour, éclairée par le soleil. Aquarelle.
84 **Kobell** (H.). Combat catoptrique des amiraux de la flotte hollandaise sur la rade de Batavia. Aquarelle très capitale.
85 — (J.). Paysage avec écurie de bœufs, au crayon noir.
86 — D'ap. Hobbema. Paysage avec rivière, au crayon noir.
87 **Koekkoek**. La pêche au clair de lune. Bel effet de nuit à l'encre de Chine.
88 **Koning** (L. de). Les patineurs. Bel effet de glace à la sanguine, lavé à l'encre.
89 **Kuyper** et autres. Figures académiques. 6 p.
90 **Lafage**. Satyres et nymphes dansant, frise à la plume.
91 **Lantara**. Paysage. Effet de lune, au crayon.
92 **Latombe** (A.). Village près de l'eau, à la plume et au bistre.

93 **Lauwers** (J.). Mercure et Argus, aux trois crayons.
94 — Apollon en ovale. Sanguine et aquarelle.
95 **Leclerc** (Séb.). Arc triomphal, lavé à l'encre de Chine.
96 **Le Geay**. Paysages avec ruines, à la plume. 3 p.
97 **Le Paon**. Bataille de cavaliers, au bistre.
98 **Le Prince**. Paysage avec figures et animaux, à la sanguine.
99 — Paysages pittoresques avec rivière et fabriques, à l'encre de Chine.
100 **Le Saon**. Camp. Dame à cheval causant avec des hussards, à la plume.
101 **Lexmondt** (J. V.). Hussard assis dans une écurie. Aquarelle.
102 **Liender** (J. V.). Vue de la ville et château d'Autun. Aquarelle.
103 — Ruines très éclairées dans une forêt, lavé au bistre.
104 **Locatelli**. Paysage pastoral, à la plume, lavé à l'encre.
105 **Matuini** (Théodore). Bénédiction de Jacob, à l'encre de Chine.
106 **Meer** (J. V. d.). Paysage avec fabriques, à l'encre de Chine.
107 — Beau paysage avec bestiaux, à l'encre de Chine.
108 **Mengs** (R.). Mort de Socrate, au crayon rehaussé de blanc.

957	50	3	444 75
3			
3			
		3 50	
2			
			4 75
			2
			3 75
			4 75
			2 75
			4 75
			1 75
7	50		
2			
			1 75
			3 75
			1 50
269		6 50	476 25

476 25		269	
		2 25	
		8 50	8
4 75			5
		3	3
2 75			3
	16	16	5
			J. E. XII, Sect. X 3
		30	J. E. XII, Sect. X 2
		5 50	
		6 50	6
4			
		2 85	
5 50			
5			
		7	
		1 50	
8 75			
562 00		341 50	

109 — Alexandre malade et son médecin, au crayon noir rehaussé de blanc.
110 **Meulemans**. Homme comptant de l'argent. Belle aquarelle très vigoureuse.
111 **Miele** (J.). La naissance de la Vierge, à la plume.
112 **Mieris** (W.). Lui-même donnant des conseils à son élève, au crayon noir.
113 — Allégorie pour titre de livre, au crayon noir.
114 **Molyn** (P.). Paysages, au crayon et à l'encre. 2 p.
115 **Moucheron** (J. de). Colonnade. Entrée d'un jardin de palais, à la plume et encre de Chine.
116 — Vestibule d'un palais, petit dessin à l'encre.
117 **Netscher** et Picart. Têtes de satyre et faune, au crayon. 2 p.
118 — (C.). Portraits de seigneurs, princesses et dame époque Louis XIV. 14 p. Pourra être divisé.
119 **Nuwenhuysen**, d'ap. Laer. Chevaux, à la plume. 2 p.
120 **Os** (Van). Garçon et fille. Sanguine. 2 p.
121 **Ostade** (A.). Intérieur avec buveurs, 5 fig. à la plume et encre de Chine.
122 — Paysan et sa femme dansant, à la plume et encre de Chine.
123 — Etudes de figures, au crayon. 10 p.
124 — et autre. Figure et sujet. 2 p.
125 **Paning**. Moïse frappant le rocher, à la plume.

126 **Panini.** Guerriers et femmes près de ruines, au crayon noir.   6
127 — Ruines avec quatre figures, à l'encre.   4
128 — Dessous d'un péristyle, à l'encre.   2
129 **Picard** (B.). Composition de Paul et Filas, à l'encre de Chine.   4
130 — Vieillard prosterné devant l'apparition d'une femme, marchant sur la mer, à l'encre de Chine.   3
131 — Musée de sculpture, avec visiteurs. Joli petit dessin à l'encre de Chine.   4
132 **Plukx.** Tête riante au crayon noir.   4
133 **Polidore.** Bas-relief. Enlèvement des Sabines, avec vase, etc., au bistre.   10
134 — Moyse donnant les tables de la loi, au bistre.   5
135 — Combat. Un cavalier sur un pont, au bistre.   4
136 **Poussin.** Paysage à la plume, lavé et rehaussé de blanc, sur papier gris.   3
137 **Rademaker,** d'ap. V. de Velde. Marine, au bistre.   2
138 — Paysage rond, au bistre.   2
139 **Raphael** (D'ap.). Le Festin des dieux. Deux dessins, contrepartie l'un de l'autre, à la plume.   8
140 **Rausner.** Scènes de camps avec hussards. Deux très jolies gouaches vigoureuses.   18
141 **Rembrandt.** Jésus au milieu des docteurs, à la plume.   40
142 — Jésus Christ, entouré de soldats, portant sa croix, à la plume.   8
143 **Romain** (Jules). Criminels conduits par des soldats, à la plume et au bistre.   14

341	50	6	50	502	60
7	50				
				3	75
2					
6	50				
4	25				
10					
4					
10	50				
5					
5					
				3	
3					
2	25				
15	50				
18	50				
				34	
7	50				
				1	4
443	00	6	50	556	75

10.

556 75   50   443
                  11
                   6
                  18

 4 75
                   4

                  8

 5 50
 1 50
 5
                   2
                  2 50
 2 75
                  7 50
                  20
                  10
 3
                   5
                  2 75
579 25   6   25
                598 25

144 — Triomphe de Vénus, à la plume et au bistre rehaussé de blanc.
145 — Sujet mythologique au recto et au verso, à l'encre.
146 — Mort d'une nymphe. Riche composition, dessin capital lavé au bistre.
147 **Rosa** (Salvator). Paysage rocheux, lavé au bistre.
148 **Rugendas.** Siége et bombardement d'une ville, à la plume.
149 **Ruisdael** (J.). Moulin à vent près de Harlem. Beau dessin à l'encre de Chine.
150 — Paysages, au crayon noir. 2 p.
151 **Schellings.** Ruines près de l'eau, à l'encre de Chine.
152 **Schouman** (M.). Vaisseaux par une tempête, à la plume et à l'encre de Chine. Beau d'effet.
153 **Serizaux** (Louis). Tobie et l'ange, au crayon noir rehausé de blanc.
154 **Serné** (A.). Vue à Harlem, à l'encre de Chine.
155 **Tempesta.** Bataille de cavaliers. Dessin pour un bouclier, à la plume et à l'encre.
156 **Teniers** (D.). Etudes de paysages. 15 p.
157 — (D'après). Compositions, figures, paysages. 50 p. Sera divisé.
158 **Titien,** la Vierge et Jésus, adorés par des saints, au bistre.
159 **Tomeberoni.** Paysage de style, à l'encre.
160 **Uden** (Van). Paysage, à la plume, lavé.
161 **Veen** (R. Van). Canards et volailles près de l'eau, avec fabrique. Aquarelle.

162 **Velde** (A Van de). Etude de vache couchée, au crayon noir. 5

163 **Verkolje** (N.). Orgie. Six personnes jouant, etc. Joli dessin à la plume, lavé à l'encre. 4

164 **Vernet** (J.). Pêcheurs et femmes près de la mer, à l'encre de Chine. 14

165 — Cascade entre des montagnes. Belle étude lavée à l'encre de Chine. 3

166 **Verschuring** (H.). Figures avec chiens, chevaux à l'encre de Chine. 4

167 **Vinkeles** (A.). Général haranguant ses troupes, mamelucks, hussards et grenadiers. Belle aquarelle. 20

168 — Officier, cavalier et dame à cheval au bord de la mer. Aquarelle. 10

169 — (R.). Sortie du jardin des Tuileries. On voit le Garde-Meuble, costumes de l'époque du Directoire. Jolie Aquarelle très fine. 14

170 — (J.). Course de chevaux en 1802. Jolie aquarelle avec jolis costumes de Jockey. 10

171 **Waldorp**, d'ap. Saenredam. Intérieur d'église protestante. Aquarelle. 6

172 **Waterlo**, Van Uden et autres. Paysages à la plume, au crayon et lavés. 10 p. 6

173 — Paysages. Aquarelles. 2 p. 7

174 **Weenix**. Chasseurs près de ruines, à la sanguine. 4

175 **Weirotter**. Paysage pittoresque, lavé à l'encre. 8

176 **Witt** (J. de). Dieu créant l'homme. Très beau dessin à l'encre de Chine. 6

538 25	6 50	579 25
5		
9 50		
14		
3		
4		
		19 50
		9 50
26		
		9 50
	6 50	
6 50		
7		
5 50		
4		
7 50		
630 25	13 00	617 75

```
617  7                180  2
                        3
                        7  50
    6
   4  75
                        5
 624 50   13    685  75
```

— 31 —

177 — Belle tête de vieillard, au trois crayon.
178 **Wolf** (B.), d'ap. Ostade. Deux buveurs et fumeurs. Très belle aquarelle très colorée.
179 **Wouvermans**. Etude de cheval couché, à la sanguine.
180 **Wyk**. Intérieur de cour. Aquarelle vigoureuse.
181 **Zaftleven**. Vues en Hollande, avec barques Deux très jolies petites pièces au bistre.

Maulde et Renou, imprimeurs de la Compagnie des Commissaires-Priseurs, rue de Rivoli, 144.

www.ingramcontent.com/pod-product-compliance
Lightning Source LLC
LaVergne TN
LVHW021734080426
835510LV00010B/1243